www.tredition.de

AF217689

Anna Hagemeyer

Und hätte die Liebe nicht...

...auch wenn ich schmutzig bin

www.tredition.de

© 2016 Anna Hagemeyer
Umschlag, Illustration: Ute Rüter- Duggan

Verlag: tredition GmbH, Hamburg

ISBN
Paperback: 978-3-7345-5775-0
Hardcover: 978-3-7345-5776-7
e-Book: 978-3-7345-5777-4

Printed in Germany

Anna Hagemeyer

Und hätte die Liebe nicht...

...auch wenn ich schmutzig bin

Aus dem Hohelied der Liebe

1. Korinther 13

Wenn ich mit Mensch- und Engelszungen redete
und hätte die Liebe nicht,
so wäre ich ein tönendes Erz oder eine klingende
Schelle
und wenn ich prophetisch reden könnte,
und wüsste alle Geheimnisse und alle Erkenntnis
und hätte allen Glauben,
so dass ich Berge versetzen könnte
und hätte die Liebe nicht, so wäre ich nichts.

Vorwort

„Du aber liebe mich, auch wenn ich schmutzig bin; denn wenn ich weiß gewaschen wäre, liebten mich ja alle"

(Fjodor Dostojewski)

Dies ist kein Sachbuch, kein Fachbuch und schon gar kein wissenschaftliches Buch, sondern ein Buch über Erlebnisse und Erfahrungen meines Lebens, aus denen ich mein ganz persönliches Fazit gezogen habe.

Es geht in diesem Buch um das, was ich neben der Erfüllung der elementaren Grundbedürfnisse als Basis für ein glückliches, friedliches und selbstbestimmtes Leben und Beziehungsleben erachte:

Es geht um die die Grunderfahrung <u>bedingungslos</u> geliebt zu werden.

Es klingt zunächst einfach, aber dennoch treibt die Sehnsucht danach viele Menschen ihr Leben lang, beeinflusst ihr Handeln und ihre Beziehungen.

Das Erleben bedingungsloser Liebe und Annahme ist für ein Kind durch nichts zu ersetzen, weder durch hohe materielle Befriedigung, noch durch aufwendige Freizeitbeschäftigungen oder wortreiche Liebesbeteuerungen.

Diese Liebe muss in konkreten Situationen unmittelbar vom Kind gespürt und erlebt werden und zwar dann, wenn es kein „Bilderbuchkind" ist und vielleicht gerade alles schief geht.

Fehlt dem Kind diese elementare Grunderfahrung, gelangt es zu der oft unbewussten Überzeugung, dass es nur dann etwas wert ist, wenn es etwas leistet. Und Liebe sei etwas, was man sich erarbeiten und verdienen muss. Diese Haltung zieht sich dann oft durch das gesamte Erwachsenenleben.

Wie anstrengend ist so ein Leben? Es ist wie ein endloser Lauf, dessen Ziel nie erreicht werden kann, abgesehen von dem ein oder anderen kleinen Etappensieg.

Auch wenn dem erwachsen gewordenen Kind später Menschen begegnen, die fähig und bereit sind, es mit seinen Stärken und Schwächen zu lieben, kann es diese Liebe oft nicht erkennen und annehmen. Denn tief in seinem Innern glaubt es, ihrer nicht wert zu sein. Das ganze Leben wird durch diese Brille betrachtet.

Eigentlich ein echtes Drama, durch das viel Schönes im Leben entgeht und Konflikte heraufbeschworen werden.

An den Partner und die Familie wird oft unbewusst die Erwartung gestellt, dieses Defizit auszugleichen, welches durch das fehlende Fundament in der Kindheit entstanden ist.

Kapitel 1

Eine Lieblingsgeschichte

Diese Geschichte von Gottfried Roller passt so gut zum Thema, dass ich sie unbedingt in dieses Buch mit hinein nehmen musste. Ich bin der Meinung, alle Menschen, die mit Kindern zu tun haben, sollten sie ab und zu lesen:

Die Geschichte von Eugen und Emil

Es waren einmal 2 Jungen. Sie wohnten in der gleichen Straße, waren beide sechs Jahre alt und kamen nun zur Schule.

Eugen war groß und Emil war klein.

Als Eugen aus dem Haus ging, sprach seine Mutter: „Pass auf deinen Schulranzen auf! Die Omi hat ihn dir geschenkt. Er darf keine Flecken kriegen, sonst ist die Omi traurig!" Eugen ging ganz vorsichtig und gebeugt und wurde einen Zentimeter kleiner.

Emils Mutter sagte: „Wie hübsch du heute aussiehst mit dem alten Schulranzen! Weißt du, mit dem ging schon dein großer Bruder zur Schule. Man sieht es an den vielen Flecken drauf. Darauf kannst du stolz sein!" Da streckte sich Emil und ging frohgemut zur Schule. Er war einen Zentimeter gewachsen.

Als sie heimkamen, machten sie die ersten Schulaufgaben: eine Seite mit lauter Strichen, die gerade sein sollten

Eugens Mutter sprach: „Das sieht aber schlecht aus, einer steht ganz schräg und krumm!" Sie zerriss die Heftseiten und Eugen musste alles noch einmal machen. Da wurde er wieder einen Zentimeter kleiner.

Emils Mutter fand eine Seite voller krummer Kraxelstriche. Sie lachte und sagte: „Guck mal, da steht einer schon ganz gerade. Wenn die anderen auch so werden, hast du eine gute Arbeit gemacht. Dein Lehrer wird sich freuen." Da wuchs Emil um einen Zentimeter.

Anderntags mussten sie ein Lied singen. Zu Hause hörte Eugens Vater zu und sprach: „Da ist ja immer an derselben Stelle derselbe Fehler! Du verdirbst das ganze Lied. Wie kann man nur so unmusikalisch sein?" Eugen wurde wieder einen Zentimeter kleiner und krächzte nur noch.

Emils Vater hörte auch zu. Er lachte: „Da schwirren ja die Töne nur so herum, aber manche sitzen schon ganz richtig, am richtigen Platz. Warte nur, bald sitzen alle richtig, das gibt eine Musik!" Emils Augen leuchteten, und er wuchs wieder einen Zentimeter.

So ging es alle Tage. Vater und Mutter wachten über ihren Sohn Eugen, dass er ja keine Fehler machte, und die Großeltern, Tante Emma und die Nachbarsfrau halfen auch mit. So kannte Eugen bald alle seine Fehler.

Emil wuchs und steckte voller Hoffnungen. Er sprühte vor Lebenslust, und sein Eifer steckte auch andere an, die solchen Mut gebrauchen konnten. Er wurde erwachsen und groß, und viele Leute freuten sich, wenn sie ihn sahen. Eugen aber begann dahinzusiechen, seine Stirn voller Runzeln, seine Augen trüb und sein Geist voll von Urteilen über andere.

Denn da seine Klugheit nur aus Wissen um seine Fehler bestand, fand er solche auch bei anderen Menschen.

Wenn er doch nur endlich einmal leben könnte! Aber da gab es kaum Hoffnung. Es sei denn, er würde einmal Emil begegnen. Dessen Lebensfreude hatte etwas Überschüssiges an sich, und sie könnte durchaus auch für zwei reichen...

(nach Gottfried Roller)

Kapitel 2

Karlchens Oma

Nach meiner Ausbildung als Erzieherin trat ich, zwanzig Jahre alt und voller Ideale, eine Stelle in einem Kleinstheim für geistig behinderte Kinder und Jugendliche an.

Ich hoffe sehr, die personelle Situation ist heute besser, als sie damals war: Es kam vor, dass ich Tage und Nächte lang alleine Dienst hatte. Das bedeutete für sieben, zum Teil schwer gehandicapte Kinder verantwortlich zu sein, die einen großen Bedarf an körperlicher Pflege und einen sehr hohen Betreuungsbedarf hatten, denn sie verfügten über keinerlei Gefahrenbewusstsein. Zudem waren wir für die Zubereitung der Mahlzeiten, die Wäschepflege, die hauswirtschaftliche Instandhaltung und den Einkauf verantwortlich. Aber was ganz oben auf der Prioritätenliste stand: Wir mussten versuchen, den Kindern so weit wie irgendwie möglich, das Elternhaus zu ersetzen.

Erzählen möchte ich von Karlchen. Er war damals ca. 10 Jahre alt, ein kümmerlich aussehender kleiner Kerl mit einem Gesicht wie ein kleiner Erwachsener. Alles an ihm war krumm, das Gehen war sehr anstrengend für ihn und das Denken fiel ihm schwer.

Nur zwei Wörter konnte Karlchen sagen. Das erste Wort war „Ei". Mit „Ei" drückte er fast alles aus: War er fröhlich sagte er ein fröhliches „Ei, ei", war er ärgerlich, ein ärgerliches „Ei, ei" und bei Verzweiflung ein verzweifeltes. Auch konnte er viele Lieder auf „ei, ei" singen.

Aber das wichtigste Wort für Karlchen war „Oma". „Oma" konnte er klar, deutlich und laut rufen.

Seine Eltern hatten ihn nach der Geburt verlassen. Ein so behindertes Kind konnten sie nicht in ihr Leben integrieren.

Karlchen blieb bei seiner Oma, die ihn mit allem, was krumm an ihm war, innig liebte, versorgte und pflegte.

So ging es einige Jahre und in dieser Zeit erlebte Karlchen genau das, was ein Kind erfahren sollte: bedingungslose Liebe.

Doch die Zeit verging und seine Oma wurde langsam älter und war durch die aufwendige Pflege immer mehr überfordert. So lange es ging tat sie ihr Bestes und Möglichstes.

Doch schließlich fasste sie den schweren Entschluss, Karlchen ins Wohnheim zu geben, um ihn nur noch an den Wochenenden nach Hause zu holen.

Jedes Mal war es sehr berührend, Karlchens Freude zu erleben, wenn wir ihm erzählten, dass Oma kommt. Sein sonst meist ernstes Gesicht hellte sich auf und er rief laut voller Begeisterung „Oma, Oma".

Wie traurig war es aber zu erleben, wenn das Wochenende vorüber war und Karlchen zurückgebracht wurde und wir sein trauriges „Oma, Oma" hören mussten.

Da half kein Trost von unserer Seite. Außer seiner Oma ließ er keinen Menschen nahe an sich heran.

Seinen Kummer ein wenig vergessen konnte Karlchen, wenn er Weihnachtslieder hören durfte, oder wenn wir ihm Trinklieder vorsangen. Manch einer, der im Sommer am Wohnheim vorbeikam, wird sich gewundert haben, wenn aus den offenen Fenstern „Kling Glöckchen kling", oder" Trink Brüderchen trink" nach draußen schallte.

Ging ich mit Karlchen am nahegelegenen See spazieren, konnte es passieren, dass er sich plötzlich auf den Boden warf und sich weigerte wieder aufzustehen. Dabei rief er jämmerlich „ei, ei" und machte einen so bemitleidenswerten Eindruck, dass Spaziergänger stehenblieben, mich empört anschauten, mit mir schimpften oder mir etwas Geld „für den Kleinen" in die Hand drückten.

Stimmte ich dann aber das Lied „Es gibt kein Bier auf Hawaii" an", stand Karlchen auf und wir konnten, beide laut singend, unseren Spaziergang fortsetzten. Ich sang den Text und Karlchen schmetterte „ei, ei", während er im Takt neben mir her lief.

Diese Lieblingslieder verband Karlchen mit der Erinnerung an glückliche Zeiten bei Oma zu Hause, die immer viel mit ihm gesungen hatte.

OMA, der einzige Mensch, der es ihm wert war, seinen Namen sprechen zu lernen.

OMA, der einzige Mensch, der bedingungslos zu ihm stand, von professionellen Betreuern einmal abgesehen.

Jahrelang haben Lehrer und Therapeuten versucht Karlchens Wortschatz zu erweitern. Aber es blieb bei „Oma".

Leider geht die Geschichte traurig weiter, wie man schon ahnen kann:

Oma wurde älter und kränker, konnte Karlchen immer seltener holen, bis sie schließlich starb.

Das Wort „Oma" hat Karlchen weiterhin gerufen, aber nie mehr freudig und voller Erwartung, sondern traurig und sehnsuchtsvoll.

Ich hoffe, er hat tief in seinem Herzen verstanden, dass ihn seine Oma nicht im Stich gelassen hat, sondern nicht mehr zu ihm kommen **konnte**.

Kapitel 3

Kleine Jungen in Not

Während meiner Zeit im Wohnheim kam ich zu dem Schluss, dass das, was ich dort für die mir anvertrauten Kinder tun konnte, einfach zu wenig war. Meine fachliche Qualifikation zog ich stark in Zweifel, womit ich sicherlich recht hatte.

Also beschloss ich eine heilpädagogische Ausbildung zu machen.

Heute bin ich der Überzeugung, dass den Kindern in erster Linie feste verlässliche Bezugspersonen fehlten. Diese Sicherheit kann ein Heim mit Schichtarbeit und ständig wechselnden Mitarbeitern trotz aller Bemühungen nicht bieten.

Schließlich war meine Ausbildung abgeschlossen, und ich landete -„O Schreck"- in einem Kindergarten als Leiterin.
Ich selber hatte nie einen Kindergarten besucht, sondern eine Kindheit in „freier Wildbahn" verbracht, die nur durch schulische Aufgaben und die Pflichten auf dem elterlichen Bauernhof unterbrochen wurde.

Als Anfang der 70er Jahre der Trend aufkam, dass alle Kinder zumindest das letzte Jahr vor der Einschulung einen Kindergarten besuchen sollten, „erwischte" es meinen kleinen Bruder (so sah ich es damals als Kind), und er hatte mein vollstes Mitgefühl.

Während er im Kindergarten seine Ich-, Sozial- und Sachkompetenzen erweitern sollte, hatte er Sehnsucht nach dem freien Leben zu Hause.
Seine älteren Geschwister und die Nachbarskinder hatten diese Kompetenzen geschult, indem sie Abenteuer in Wald und Feld erlebten, Buden bauten, Mutproben überwanden und statt auf dem Klettergerüst eines Kindergartens, hoch oben im Kirschbaum oder auf dem Dach eines verlassenen Hauses herumturnten.

Jedem Kind wünsche ich so eine Bullerbü-Kindheit, aber die Zeiten haben sich geändert und auch mir ist klar, dass heutzutage so etwas kaum noch möglich ist.

Auch weiß ich, welch wichtigen Beitrag vorschulische Einrichtungen für die Entwicklung von Kindern leisten und was sie alles auffangen müssen.

Aber damals musste ich, die Kindergartenskeptikerin, einen solchen leiten, weil es auf dem Arbeitsmarkt keine andere Stelle für mich gab.
Erfahrung hatte ich so gut wie keine, wuchs aber langsam mit meinen Aufgaben.
Und wieder galt mein Bemühen besonders den Kindern, denen es zu Hause an Liebe und Akzeptanz fehlte.

Es gab viele anstrengende Kinder in der Einrichtung: Kinder, die Grenzen nicht akzeptierten, vorlaute Kinder, wilde, eigenwillige und verwöhnte. Aber um sie machte ich mir keine Sorgen, denn ich spürte, dass sie ein gesundes Fundament mitbrachten, auf das sie eines Tages ihr Leben würden bauen können.

Aber es gab auch Kinder, die kein Zutrauen zu sich selber hatten, Kinder mit unterschwelliger Aggressivität, entmutigte Kinder und welche, die emotional nicht erreichbar waren.
Ich versuchte, die Ursachen dafür zu verstehen.

Da gab es Mirko, der ein „stilles Wasser" war. Er tauchte gern in der Menge unter. Wenn man ihn jedoch genauer beobachtete, wurde deutlich, dass er seinen asiatischen Freund wie einen Leibeigenen behandelte und ihn zum Vollstrecker seiner eigenen Aggressionen machte: Er befahl ihm andere Kinder zu schlagen, zu schubsen oder zu treten. Warum war er so?

Seine Mutter erlebte ich als stille, aber zugewandte Frau, die ihren Sohn offensichtlich liebte.
Als ich jedoch auf einem Kindergartenfest seinen Vater kennenlernte, verstand ich die Ursache für Mirkos Verhalten. Es war deutlich zu spüren, dass diesem Mann sein Sohn nicht gut genug war. Er kritisierte ihn ununterbrochen, während Mirko versuchte ihm zu gefallen und ihm alles recht zu machen. Je angespannter Mirko sich bemühte, umso weniger gelang ihm, und umso verzweifelter wirkte er.

Die Mutter, die das still und traurig mit ansah, stand der Situation hilflos gegenüber.
Als Mirkos Kindergartenzeit vorbei war, verließ uns, ein ernster, angespannter Junge, der große Angst davor hatte, eigene Schwächen zu zeigen. Lachen sah ich ihn fast nie.

Tom war ein kleiner Sonnenschein. Er war einziges Kind und von seinen Eltern sehnsüchtig erwartet worden. Von der Familie und seiner Verwandtschaft wurde er verwöhnt und gehätschelt, was ein wenig zu Lasten seiner Selbstständigkeit ging. Aber warum soll man es als Kind nicht genießen, sich ein wenig verwöhnen zu lassen.

Doch eines Tages wurde den Eltern schlagartig bewusst, dass es ja nur noch zwei Jahre bis zur Einschulung waren, und dass ihr Junge kein Baby mehr war. Von da an kam Stress auf:

Tom wurde mit Rechenaufgaben konfrontiert, die er nicht lösen konnte. Er sollte Schreibübungen machen, was ihm nicht lag. Der kleine Junge geriet unter Druck. Aus dem wohligen Familienleben war plötzlich ein Stress-Programm geworden.

Auf einmal war er, der kleine Prinz, den doch alle liebten, nicht mehr „gut" genug. Die ganze Familie geriet noch mehr unter Anspannung, als Tom zu stottern begann. Dieses Problem musste dringend bis zum Schulanfang behoben werden.

Also führte der Weg zum Kinder- und Jugendpsychiater. Dieser traf seine Diagnose direkt am Problem vorbei: Tom sei unterfordert und brauche dringend neue Herausforderungen und höhere Anforderungen.

Er riet den Eltern, ihren Sohn vorzeitig einzuschulen, was diese geschmeichelt zur Kenntnis nahmen.

Gesagt - getan: Tom kam zur Schule. Sein Schulweg führte täglich am Kindergarten vorbei. Er war immer mit Begeisterung dorthin gekommen. Jeden Mittag blieb er lange mit sehnsüchtigem Blick am Zaun stehen. Stottern tat er weiterhin.

Ich wünsche Tom von Herzen, dass er es überwunden hat, als kleiner Junge so holterdipolter aus seinem Kinderparadies herauskatapultiert worden zu sein und hoffe, dass er irgendwann seine Fröhlichkeit und sein Selbstvertrauen zurückgewonnen hat.

Und dann war da noch der kleine Jan:
Eines Tages stand eine genervt wirkende, ziemlich aufgetakelte und offensichtlich wohlhabende Frau vor der Tür des Kindergartens. Sie hatte einen noch recht kleinen Jungen an der Hand. Dies sei ihr Sohn Jan, erklärte sie. Er sei 2 Jahre alt und müsse jetzt unbedingt in den Kindergarten aufgenommen werden. Sie habe ihn sowieso nie gewollt und sei über die unerwünschte Schwangerschaft entsetzt gewesen. Er störe sie permanent und Tennis könne sie auch nicht mehr in Ruhe spielen.

Der Kleine stand direkt daneben und hörte alles mit an und ich litt innerliche Qualen, so leid tat er mir.

Ich weiß nicht, ob ich die Mutter heute darauf hinweisen würde, was sie Ihrem Kind da gerade antat, und wer weiß wie oft der kleine Kerl schon diese Litanei mit hatte anhören müssen. Damals sagte ich nichts dazu.

Jan wurde noch nicht aufgenommen, da das Mindestalter dafür damals bei drei Jahren lag.

Bevor er aber Kindergartenkind wurde, tauchte seine Mutter immer wieder mit ihm auf und versuchte mich von der Dringlichkeit ihres Anliegens zu überzeugen. Vielleicht wäre es für Jan wirklich besser gewesen, er wäre eher gekommen.

Als er schließlich da war, war der Same des Nichterwünschtseins schon in ihm aufgegangen und hatte deutliche Spuren in seiner Seele hinterlassen.

Jan verhielt sich nicht wie ein 3- jähriger Junge. Er kompensierte sein mangelndes Selbstwertgefühl bereits hinter einer Maske aus Großspurigkeit und Arroganz. Gefühle zeigte er kaum.

Wenn die Kindergartenzeit mittags zu Ende war, wurde er stets als letztes Kind abgeholt. Manchmal wurde er auch ganz vergessen und wir mussten hinter seiner Mutter her telefonieren. Diese kam dann mit Entschuldigungen wie: „ Der Friseurtermin hat so lange gedauert" oder „Das Tennismatch war gerade so spannend"

Was geht in einem kleinen Kind vor, wenn es immer wieder hört und erlebt, dass es nicht gewünscht ist und nur stört?

Wenn alle Kinder abgeholt werden, nur er nicht? Tiefe Wunden entstehen, die sich tief in die Seele graben und - das Gefühl, nichts wert zu sein.

In späteren Jahren habe ich immer wieder Männer und Frauen erlebt, die mitten im Leben standen, aber in Tränen ausbrachen, wenn die schmerzvolle Erinnerung in ihnen hochkam, dass ihre Mutter oder ihr Vater ihnen irgendwann einmal gesagt haben, dass sie nicht erwünscht waren, dass sie ein Versehen, ein Fehler waren.

Wie fühlt sich das an, wenn man unerwünscht ist? Wenn man hört, dass man ein „Fehler", ein „Irrtum" ist?

Manchmal kommen Kinder unerwartet oder unerwünscht auf die Welt, und sicher ist es manchmal
schwer, sie in den Lebensplan zu integrieren.

Aber sie haben ein Recht, auf dieser Erde willkom-
men geheißen zu werden und möglichst unbe-
schwert aufzuwachsen.

Die Verantwortung, die Last und die Sorge dafür
müssen die Erwachsenen tragen. Für Kinderschul-
tern ist diese Last zu schwer und manche tragen ihr
Leben lang daran.

Es gibt ein altes Sprichwort: "Reden ist Silber und
Schweigen ist Gold".
Sicher ist das nicht für alle Lebenssituationen rat-
sam. Aber einem Kind gegenüber kann ich nicht
stets mein Herz auf der Zunge tragen.

Hat ein Kind erst einmal die Gewissheit, dass es
bedingungslos geliebt und angenommen wird, steht
es auf einem sicheren Fundament. Ein Erziehungs-
fehler oder ein falsches Wort, das sicher jedem
einmal herausrutscht, haben **dann** nicht mehr so
schwerwiegende Folgen.

Ich erinnere mich an folgende Situation:

Unsere Kinder stritten beim Mittagessen unaufhörlich, taten grundsätzlich nur das Gegenteil von dem was sie sollten, und die familiäre Stimmung war auf dem Siedepunkt.

Ich musste zur Arbeit fahren, und während ich das Haus verließ, kam mir spontan über die Lippen: „Ich gehe jetzt arbeiten und bin froh dass ich hier weg kann. Dort habe ich es wenigstens ruhiger."

Schon während ich sprach, wurde mir klar, was ich da von mir gegeben hatte. Noch klarer wurde es mir, als ich in das verletzte Gesicht meines kleinen Sohnes sah, der neben mir an der Haustür stand. Zum Glück habe ich wenigstens gemerkt, was ich angerichtet hatte, denn nur so konnte ich die Ursache dessen verstehen, was mich in den nächsten Tagen erwartete:

Unser 2- jähriger Sohn geriet völlig außer Rand und Band. Er ließ keine Gelegenheit aus, sich widerwärtig, frech und aggressiv mir gegenüber zu verhalten.

Mir wurde klar, was er mit diesem Verhalten unbewusst versuchte zu ergründen: Ob ich bei ihm bleibe, auch wenn er sich wie das schrecklichste Kind unter der Sonne gebärdet. Ich blieb bei ihm und bestand den Test.

Als seine Welt wieder zurechtgerückt war und er die Gewissheit zurückerlangt hatte, dass seine Mama in guten **wie in schlechten Tagen** zu ihm stand, beruhigte sich die Situation.

Im Nachhinein war ich sehr erschrocken und betroffen darüber, was ein paar unbedacht daher gesagte Worte für Auswirkungen haben können.

A chte auf deine Gedanken,
denn sie werden Worte,
achte auf deine Worte,
denn sie werden Handlungen,
achte auf deine Handlungen,
denn sie werden Gewohnheiten,
achte auf deine Gewohnheiten,
denn sie werden dein Charakter,
achte auf deinen Charakter,
denn er wird dein Schicksal.

(aus dem Talmud)

Ich erdreiste mich an dieser Stelle, den Talmud noch zu ergänzen, indem ich hinzufüge:
„Achte auf deinen Charakter, denn er wird nicht nur dein Schicksal, sondern auch das Schicksal deiner Kinder".

Kapitel 4

Vom Jungen, der keinen Stift mehr in die Hand nehmen wollte

Die Verletzungen und Kränkungen, die Mirko, Tom und Jan erlitten haben, sind für jeden von uns nachvollziehbar. Aber manchmal können wir auf den ersten Blick nicht verstehen, warum ein Kind sich problematisch verhält.

So war es bei Martin:
Martin war 5 Jahre alt und wuchs in einem liebevollen, verständnisvollen Elternhaus auf. Zu seinen Eltern hatte er eine vertrauensvolle Bindung.

Martin baute für sein Leben gern mit Legosteinen, wobei er viele kreative Ideen entwickelte. Zudem war er ein kleiner Forscher, der den Dingen auf den Grund ging. Gerne spielte er draußen Fußball. Zum Malen und Basteln hatte er wenig Lust.

Eines Tages jedoch überraschte er seine Mutter damit, dass er ihr ein Bild schenkte, was er zuvor gemalt hatte. Darauf war ein Männchen zu sehen.

Die Mutter war begeistert und lobte ihren Sohn überschwänglich: „Da hast du aber ein tolles Männchen gemalt, das gefällt mir sehr. Wir wollen es gleich dem Papa zeigen, und dann hängen wir es an die Wand"

Niemandem fiel auf, dass Martin sich gar nicht über das Lob zu freuen schien.

Von diesem Tag an nahm er keinen Stift mehr in die Hand. Als er mit sechs Jahren eingeschult wurde, weigerte er sich weiterhin zu malen und zu schreiben, was natürlich ein echtes Problem darstellte.

Niemand konnte sich einen Reim darauf machen, war doch Martin sonst ein umgänglicher und aufgeschlossener kleiner Junge.

Eine Kindertherapeutin kam der Ursache für sein Verhalten auf die Spur:
Während der Therapie spielte Martin im Puppenhaus mit einem Jungen- und einem Mädchenpüppchen. Die Püppchen in seinen Händen unterhielten sich über verschiedene Themen, wie Schule, Lehrer und Geschwister.

Plötzlich hörte die Therapeutin, wie das Jungen-
püppchen sagte: „Meine Mama hat mich nur dann
ganz doll lieb, wenn ich ihr supertolle Bilder male,
und das kann ich einfach nicht dauernd schaffen".

Wie konnte es passieren, dass das wohlgemeinte
Lob der Mutter, welches ihn aufbauen und stärken
sollte, völlig anders bei ihm ankam, als es von ihr
gemeint war?

Ich weiß es nicht.
Aber jeder von uns hat seine ganz individuelle Brille
auf, mit der er die Dinge, die geschehen, einordnet
und bewertet.
Entscheidend ist letztendlich nicht das reale Ereig-
nis, sondern die individuelle Wahrnehmung und
Verarbeitung dessen was passiert.

Ein Beispiel:
Vor einiger Zeit ging ich zu einem Vortrag. Dort traf
ich eine mir bekannte Frau, die sich neben mich
setzte.
Als die Veranstaltung vorüber war, verließ ich, begeistert über das zuvor Gehörte, zusammen mit ihr
den Raum.
Überrascht war ich, ihr Statement zu der Veranstaltung zu hören: Sie hielt den Besuch des Vortrags

für völlig verschwendete Zeit und ließ kein gutes Haar an dem Dozenten und seinen Aussagen. Hätte sie nicht die ganze Zeit neben mir gesessen, ich hätte tatsächlich schwören können, dass sie auf einer völlig anderen Veranstaltung gewesen war.

Aber so sind wir: Wenn mehreren Menschen das gleiche passiert, bedeutet es für jeden etwas anderes. Jeder hat seinen ganz individuellen Bewertungsfilter, das dürfen wir nicht vergessen, wenn wir andere Menschen verstehen wollen.

Der eine zuckt nur die Achseln, und den nächsten hindert ein falscher Satz ein Leben lang am glücklich Sein.

Die einen bauen aus den Steinen oder Felsen, die ihnen in den Weg gelegt werden, ein tolles Haus, andere kurven ihr Leben lang um die Steine herum, und noch andere heben die Steine immer wieder auf, um sie sich erneut in den Weg zu legen.

Wieso das so ist, und wie es uns gelingt, mit Krisen und Schicksalsschlägen konstruktiv umzugehen (so wie die Häuserbauer) oder sogar gestärkt daraus hervorzugehen, wird inzwischen intensiv erforscht

Hoffentlich werden von den daraus resultierenden Erkenntnissen irgendwann einmal viele Menschen profitieren können.

Kapitel 5

Der Tag, an dem Sven mir ein Kaninchen malte

Nachdem ich mich ein paar Jahre als Kindergartenleiterin tapfer durchgeschlagen hatte, ergab sich für mich die Möglichkeit an einer Förderschule für geistige Entwicklung zu arbeiten.

Einer meiner Schüler war Sven. Meine Vorgängerin hatte er bereits in die Flucht geschlagen. Durch die Geschichte seiner Familie zog sich eine Spur von Gewalt bis hin zum Tod seiner Mutter. Sein Vater war im Gefängnis.

Sven war damals halb verhungert und verwahrlost in seinem Bettchen gefunden worden. Außer diesem Bettchen hatte er noch nicht viel gesehen in seinem einjährigen Leben. Da er bereits seinen Lebenswillen verloren hatte, musste er zunächst künstlich ernährt werden. Der Nahrungsmangel konnte mit der Zeit ausgeglichen werden, aber was seinen Mangel an emotionaler Wärme, Liebe und Sicherheit anbelangte, war er ein Fass ohne Boden.

Nie war es ihm genug, was er an Aufmerksamkeit und Zuwendung erhielt. Und um immer mehr und mehr zu bekommen, provozierte er, wo er nur konnte. Grenzen waren für ihn da, um überschritten zu werden, dabei war er wendig und schnell. Seine Wutanfälle kamen unvermittelt und heftig.

Als ich Sven kennenlernte, war er sieben Jahre alt. Nie werde ich das erste Mittagessen mit ihm vergessen:
Sven sprang plötzlich auf, kletterte auf einen hohen Schrank im angrenzenden Garderobenraum und bombardierte uns von dort aus mit Gipskugeln, die am Tage zuvor im Werkunterricht geformt worden waren.
Alle saßen am Tisch und zogen die Köpfe ein, während ich versuchte, den fröhlich feixenden und mich auslachenden Jungen vom Schrank herunter zu angeln.

Die Strategie meiner Vorgängerin war es in eskalierenden Situationen immer gewesen, Sven auszusperren, schon allein um die anderen Kinder zu schützen.

Da aber Isolation und Verlassenheit die Ursachen für Svens Verhalten waren, hielt ich dies für den falschen Weg. Sein Gefühl des Einsam- und ungeliebt Seins würde sich meines Erachtens dadurch noch verstärken.

Deshalb beschloss ich eine entgegengesetzte Strategie zu verfolgen. Wenn Sven ausflippte, suchte ich den Kontakt zu ihm und versuchte ihn zu begrenzen.

Das war allerdings leichter gesagt als getan, denn er schlug, trat, warf mit Stühlen und Gegenständen und gefährdete so Schüler und Mitarbeiter.

Es blieb mir dann keine andere Möglichkeit, als mich mit ihm in den Garderobenraum zurückzuziehen und ihn im Arm zu halten, was auch mir manchmal blaue Flecke und Bisse einbrachte.

Alternativen dazu wären gewesen: ihn zu isolieren, medikamentös zu sedieren oder auszuschulen. Ich entschied mich dafür zu versuchen, Sven Sicherheit durch enge Anbindung und Begleitung zu geben.

Hätte ich gewusst, wie lange erste Erfolge auf sich warten lassen würden, ich glaube ich wäre zurück geschreckt.

Im Laufe eines Tages gab es auch entspannte und schöne Momente mit Sven, in denen er fröhlich plauderte, anhänglich und lieb war. Aber stets kreiste er nur um sich und seine Bedürfnisse.

Von einem auf den anderen Augenblick konnte dann aber plötzlich der „Sturm" losbrechen, als sei ein Schalter bei ihm umgelegt worden.

Während meine Kollegin die anderen Schüler in Sicherheit brachte, begab ich mich ins Auge des Orkans und blieb bei und mit Sven, bis er sich beruhigen konnte.

So ging es relativ lange Zeit und ich fürchtete schon, nie würde sich etwas verändern.

Mein Ziel war es, Sven ein kleines bisschen Boden unter seine Füße zu geben.
In dem Kinderheim, in dem er lebte, waren die Mitarbeiter zwar guten Willens und engagiert, aufgrund des unzureichenden Personalschlüssels jedoch noch weniger als ich in der Lage, Sven die Zuwendung zu geben, die er brauchte.

Als ich schließlich begann mein Vorgehen sehr in Frage zu stellen, veränderte sich etwas:

Am Tag zuvor hatte ich Sven wieder durch einen besonders schlimmen, langen Wutanfall begleitet, hatte ihn halten müssen, da er um sich trat und versuchte, Sachen durch den Raum zu werfen.

Während ich ihn davon abhielt, traktierte er auch mich.

An diesem Tag fuhr ich völlig erschöpft, etwas lädiert, zweifelnd und deprimiert nach Hause. Auch sorgte ich mich darum, wie es dem kleinen „Kämpfer" wohl ergehen mochte.

In dieser Nacht schlief ich kaum. Ich war sicher gewesen, die richtige Alternative gewählt zu haben, aber diese Zuversicht hatte mich verlassen, und ich wollte die Verantwortung nicht mehr tragen.

Allein dadurch, dass er mir am Herzen lag, hatte ich so lange Zeit das Durchhaltevermögen und die Kraft gehabt diese Extremsituationen mit ihm durchzustehen.

Da er älter und stärker wurde, war es für mich immer schwerer mit Svens Attacken umzugehen. Ich wusste, dass es ein Rennen gegen die Zeit war. Irgendwann würde der Junge zu stark sein, um sich von mir begrenzen zu lassen.

Am nächsten Morgen in der Schule erwartete ich Sven mit etwas bangem Herzen. Wie würde der heutige Tag wohl werden?

Die Tür ging auf, und Sven kam mit einem strahlenden Lächeln herein, trat auf mich zu, umarmte mich und sagte: „Ich habe dich lieb und ich habe ein Geschenk für dich. Ich habe dir ein Kaninchen gemalt." Er zog ein Bild hervor und gab es mir.

Mir kamen vor Rührung die Tränen. Sven wusste, dass ich Tiere mag und zu Hause ein Kaninchen hatte. Ich hatte ihm öfter davon erzählt. Solange ich ihn kannte, erlebte ich zum ersten Mal, dass er nicht nur an sich und seine Bedürfnisse dachte, sondern dass er sich Gedanken gemacht hatte, wie er **mir** eine Freude machen konnte.

Mit dem Kaninchen hatte er einen echten Treffer gelandet: Das mit viel Mühe hingekrakelte Kaninchen auf dem Ringbuchblatt ist eines der schönsten Geschenke gewesen, die ich jemals bekommen habe und ich werde es immer in Erinnerung behalten.

Von diesem Tag an ging es aufwärts. Die Wutanfälle wurden seltener und Sven wurde umgänglicher und sozialverträglicher.

Zwar benötigte er weiterhin sehr viel Anbindung und Struktur, war wild und ungestüm, aber abgesehen von einigen pubertären Grenzüberschreitungen gab es keine schwerwiegenden Probleme mehr.

Ich weiß, mein Umgang mit der Situation wird von dem einen oder anderen sicher kritisch gesehen, von mir selbst übrigens auch.

Es war ein riskantes Vorgehen: Was wäre gewesen, wenn ich aus irgendwelchen Gründen plötzlich ausgefallen wäre? Ich hätte Sven verlassener zurückgelassen, als er es ohnehin schon war. Wir hatten das große Glück, dass er sieben Jahre lang mein Schüler war. Ohne diesen langen Zeitraum wäre alles sinnlos gewesen.

Als ich schließlich die Schule verließ, war Sven schon fast ein junger Mann.

Mein Umgang mit Svens problematischem Verhalten hatte nichts mit Methode zu tun.

Er entstand aus der Not heraus, weil mir nichts Besseres einfiel, als ihm Halt, Sicherheit und Nähe zu geben und ihm zu vermitteln, dass ich auch dann zu ihm stehe, wenn er sich wie ein „Kotzbrocken" verhält.

Kapitel 6

Das verstehst du alles nicht

N ie in meinem Leben werde ich Jenny vergessen! Ihre messbare kognitive Intelligenz war nicht son-
derlich ausgeprägt, aber ihre Lebendigkeit, ihre
Herzenswärme und ihr kontaktfreudiges, kommuni-
katives Wesen machten sie außergewöhnlich. Sie
schien ein Gespür für Situationen zu haben und
schaffte es immer wieder peinliche Szenen zu in-
szenieren. Ob sie das bewusst oder unbewusst tat,
ich habe es nie verstanden.

Jenny lebte mit ihren Eltern und ihren Geschwistern
in einem kleinen Ort, in dem es recht konventionell
zuging. Ihre Familie war sehr religiös und dort be-
kannt und angesehen.

Da Jenny körperlich nicht sehr belastbar war und
sich oft Aufsehen erregend verhielt, fühlten sich ihre Familienmitglieder durch sie in ihren Aktivitäten
erheblich eingeschränkt.

Schwierig war es für sie, Jenny so zu akzeptieren
wie sie war: vorlaut, geschwätzig und manchmal
ungemein peinlich.

Kam zum Beispiel der Pastor zu Besuch, begrüßte sie ihn freundlich, um dann zu verkünden: „So, jetzt gehe ich mal ein bisschen Weihwasser pinkeln."

In solchen Situationen wären ihre Eltern am liebsten vor Scham im Boden versunken.

Kamen Gäste konnte es gut sein, dass sie sie mit den Worten: „Na, ihr wollt wohl mal wieder ordentlich ´n Bier saufen", begrüßte.

Woher diese Art zu reden rührte, hat keiner je begriffen. Der Umgangston in ihrem Umfeld war eindeutig ein anderer.

Ich erinnere mich an eine Situation auf einer Klassenfahrt: Wir hatten ein Haus in einem kleinen Dorf im Emsland gemietet.

An einem Abend sollte es Pommes mit Würstchen geben, die wir in der örtlichen Dorfkneipe besorgen wollten.
Kaum hatten wir die Gaststätte betreten, drapierte sich Jenny, damals ca. 10 Jahre alt, wie eine professionelle Bardame mit übereinander geschlagenen Beinen auf einen Barhocker, den Kopf lässig auf der Theke aufgestützt.

Zu den neben ihr sitzenden Männern sagte sie in leicht verruchtem Ton: „Na, auch´n Bier saufen? Wir sind hier auf Klassenfahrt und woll´n heute mal ordentlich einen saufen. Letztes Jahr waren wir in Griechenland. Da hab´n wir vielleicht mal gesoffen!"

Die Männer schauten das Mädchen verblüfft an, ich auch. Wie kam sie nur auf diese Ideen?

Jenny ist aber auch die Schülerin gewesen, die mich entscheidend in meiner Arbeits- und Denkweise geprägt hat.

Im Unterricht versuchten wir, wie an einer Schule üblich, den Schülern ihrem Entwicklungsstand entsprechend, Fähigkeiten und Fertigkeiten zu vermitteln.

Jenny schaffte es nicht einmal, ein einfaches Puzzleteil in eine vorgegebene Form einzusetzen, und wie die Farben hießen, war ihr völlig egal.

Wenn man sie fragte: „Welche Farbe ist das?", sagte sie immer nur voller Inbrunst: „Grrüün" weil sie den Klang des Wortes so schön, fand, ähnlich schön wie das Wort „Weihwasser".

Als ich eines Tages laut aufstöhnte, als sie wieder begeisterte „Grrüün!" rief, obwohl ich ihr gerade „Rot" vorgelegt hatte, klopfte sie mir begütigend auf die Schulter, lächelte mich freundlich und mitfühlend an und sagte dann tröstend zu mir: „ Meine liebe Annie, das verstehst du alles nicht."

Da wusste ich plötzlich, dass sie Recht hatte.
Warum glaubte ich eigentlich zu wissen, was wichtig für sie war?
Wieso maßte ich mir an, sie täglich an den Tisch zu setzen, um sie dann mit langweiligen Lernaufgaben zu konfrontieren, zu denen sie nicht den leisesten Bezug hatte?

Von dem Tag an veränderte ich meine Arbeitsweise. Mit Jenny begann ich ganzheitlich zu arbeiten auf der Basis der *sensorischen Integrationstherapie (1)*.
Sie genoss diese Einzelstunden mit mir, war begeistert bei der Sache und schien sich verstanden und abgeholt zu fühlen.

Ganz nebenbei machte sie auch kognitiv kleine Lernfortschritte: ein einfaches Puzzle - kein Problem mehr für sie.

Gras wird nicht länger, wenn man daran zieht, ganz im Gegenteil, es kann dann sehr leicht abreißen.

Aber ich kann den Boden gießen und düngen, damit es gute Voraussetzungen zum Wachsen hat.

Jahre später, als ich bereits nicht mehr in der Schule tätig war, traf ich zufällig in der Stadt Jennys Mutter.
Sie sprach darüber, dass sie und ihr Mann viele Jahre lang sehr mit ihrem Schicksal - sprich Jenny - gehadert hätten und es ihnen sehr schwer gefallen sei, sie so anzunehmen, wie sie war.

Aber inzwischen hätten sie begriffen, was für ein Schatz sie eigentlich sei. Ihr liebenswertes, warmherziges und treues Wesen hätten sie erst jetzt schätzen und lieben gelernt.
Und über die peinlichen Situationen könnten sie mittlerweile lachen.

Wenig später erfuhr ich, dass Jenny im Alter von nur 15 Jahren gestorben ist.

Auf dem Weg zu ihrer Beerdigung musste ich intensiv an sie denken. Während ich so dahinfuhr dachte ich laut vor mich hin: „Jenny, warum hast du denn schon so früh einen Abgang von dieser Welt gemacht?" Daraufhin war es plötzlich, als würde sie neben mir sitzen und auf ihre typische Jenny-

Art sagen: „Meine liebe Anni, das verstehst du alles nicht."

Verstehen tue ich es nicht, aber mir kam der Gedanke, dass die fünfzehnjährige Jenny in ihrer kurzen Lebenszeit die Aufgabe, die sie hier auf dieser Erde hatte, vielleicht schon erfüllt hatte. Ihrer Familie und auch mir hatte sie gezeigt, was wichtig ist und uns gelehrt, wie es geht, bedingungslos zu lieben und anzunehmen.

Zwar war Jenny geistig behindert, aber **sie** hat, glaube ich, immer gewusst, wie das geht.

Und mit Sicherheit war das wichtiger als „Rot" und „Grün" richtig benennen zu können.

(1)*Ganzheitliche Therapie zur Förderung der Wahrnehmungsverarbeitung*

Kapitel 7

Wunschkind oder Kind nach Wunsch?

Seit vielen Jahren arbeite ich therapeutisch mit gehandicapten Kindern, Jugendlichen und jungen Erwachsenen.

Im Rahmen dieser Tätigkeit lernte ich eines Tages eine junge Mutter kennen. Sie wollte die Entwicklung ihrer kleinen dreijährigen Tochter überprüfen lassen, da sie der Meinung war, dass etwas mit der Kleinen nicht in Ordnung sei:

Mit dem Kind stimme etwas nicht, es sei zurückhaltend, schüchtern und in allem, was es tue, sehr zaghaft und ängstlich. Sie selber sei ein ganz anderer Mensch. Schon als Kind sei sie selbstbewusst, mutig, unternehmungslustig und wild gewesen und voller Experimentierfreude.

Mit ihrer Tochter habe sie keine Gemeinsamkeiten. Sie könne das Kind nicht verstehen und habe keinerlei Bezug zu ihm.

Überhaupt sei sie sehr enttäuscht. Ihr Kind könne **so** nicht sein. Deshalb vermute sie, dass es eine Behinderung habe.

Die Diagnostik ergab keinen Befund. Das kleine Mädchen war altersentsprechend entwickelt. Es entsprach nur nicht dem Bild, welches seine Mutter sich im vorab von ihm gemacht hatte.

Wie es mit den beiden weiter ging? Ich weiß es nicht.
Hoffentlich hat die Mutter die Stärken ihrer Tochter noch sehen und schätzen gelernt und diese gelernt zu lieben, so wie sie war.

Wenn nicht wurde der Kleinen schon früh ein Päckchen aufgeladen, an dem sie vielleicht ihr ganzes Leben lang tragen muss. Der Inhalt des Päckchens: Die Botschaft „Ich bin es nicht wert, geliebt zu werden, so wie ich bin."

Einigen Kindern, von denen in diesem Buch erzählt wird, fehlte es auf dem ersten Blick an nichts. Sie stammten aus sogenannten geordneten, wohl situierten Elternhäusern, sie hatten gut zu essen und waren modisch gekleidet. Ihre Eltern kümmerten sich um sie und unternahmen interessante Freizeitaktivitäten mit ihnen.

Doch all diese Güter konnten nicht ersetzen, was sie **auch** brauchten: bedingungslose Liebe und Annahme.

In dieser Hinsicht verfügt manches Kind aus ärmlicheren Verhältnissen vielleicht sogar über größeren Reichtum.

Aber alles hat seinen Grund. Auch Eltern waren einmal Kinder, und viele von ihnen haben ebenfalls nicht erlebt, wie es ist, ohne wenn und aber geliebt zu werden.

Kapitel 8

Was ist am Wort „Liebe" falsch?

E in Erlebnis hat mir zu denken gegeben.

Es ging darum, einen Text für das Leitbild der Einrichtung zu erarbeiten, in der ich damals als Therapeutin tätig war.

Als wir überlegten, wie wir unsere Arbeit mit den Klienten beschreiben könnten, schlug jemand vor, man könne ja die Formulierung „liebevolle Begleitung ..." wählen.

Alle waren sich einig, dass diese Beschreibung unserer Arbeit passend und stimmig war. Dennoch kamen grundlegende Zweifel auf:
So könne man das heute nicht mehr nennen, denn das könne falsch verstanden werden (Wie denn eigentlich?) - die Formulierung sei nicht mehr zeitgemäß - sie höre sich fachlich nicht kompetent an.

Auf meinen Einwand, was denn eigentlich an der Formulierung „liebevolle Begleitung" falsch sein könne, wenn die Aussage doch stimme, nickten einige, schauten aber zweifelnd drein.

Auch beim Träger der Institution löste das Wort „liebevoll", was ja eigentlich „voll Liebe" heißt, Bedenken aus.

Wahrscheinlich wurde die Formulierung durch eine Bezeichnung, wie zum Beispiel „adäquate Unterstützung" ersetzt - was immer das auch heißen mag.

Es hat mich nachdenklich und traurig gestimmt, dass das Wort „Liebe" anscheinend nicht mehr vorbehaltlos als das verwendet werden kann, was es eigentlich ist: nämlich etwas durch und durch Positives und Wünschenswertes, das jeder von uns dringend benötigt.

Aber es passt dazu, wie ich den aktuellen Zeitgeist erlebe:
In der Therapie von gehandicapten Kindern gibt es heute stark propagierte Konzepte, bei denen Effektivität und Leistung sehr im Vordergrund stehen.

Die Kostenträger der Therapien erwarten immer häufiger messbare Resultate.
Fertigkeiten und Fähigkeiten sollen möglichst schnell als „gekonnt" abgehakt werden können:
Farben, Formen, Kategorien und vieles mehr.

Um diese Ziele zu erreichen wird es oft leider eher als nachrangig angesehen, wer mit dem Kind arbeitet und wie mit ihm gearbeitet wird. Frei nach dem Motto: Der Zweck heiligt die Mittel.

Manchmal wird sogar empfohlen eine Mehrzahl von Studenten oder Praktikanten zusätzlich zu den Eltern und Lehrern mit der Förderung zu betrauen. Schließlich soll ein möglichst permanentes und intensives Training stattfinden.

Bindung und Beziehung spielen bei diesem Konzept kaum eine Rolle. Und was wirklich wichtig ist, wird in den auszufüllenden Skalen ausgelassen:

- Wie sicher und aufgehoben fühlt sich ein Kind in der Bindung zu seinen Bezugspersonen?
-
- Fühlt es sich geliebt und akzeptiert, so wie es ist?
-
- Wie sieht es mit seiner Lebenszufriedenheit aus und auch der seiner Familie?
-
- Was braucht das Kind, um auf dieser Welt ein möglichst selbstbestimmtes und glückliches Leben führen zu können?

Diese elementar wichtigen Ziele lassen sich nicht so leicht messen, sollten aber in der Erziehung und Förderung eines jeden Kindes, ob mit oder ohne Handicap, oberste Priorität haben.

Sie lassen sich meines Erachtens nur auf der Grundlage von Beziehung und mit Liebe erreichen.

Jenny hat das vermutlich schon tief in sich gewusst, als sie sagte: „Meine Liebe, das verstehst du alles nicht."

Quellennachweis

Auszug aus dem „Hohelied der Liebe"
Neues Testament 1. Korinther 13

Zitat „Du aber liebe mich"
Fjodor Dostojewski..

Die Geschichte von Eugen und Emil
Gottfried Roller

„Achte auf deine Gedanken..."
aus dem Talmud

Herzmotiv
Pixabay

Bei allen, die mich bei der Erstellung dieses Buches un-terstützt haben, bedanke ich mich herzlich

Anna Hagemeyer

FSC
www.fsc.org
MIX
Papier | Fördert
gute Waldnutzung
FSC® C083411

Zeitfracht Medien GmbH
Ferdinand-Jühlke-Straße 7
99095 Erfurt, Deutschland
produktsicherheit@kolibri360.de